مقالة الريح

* ديوان شعر: مقالة الريح

* الكاتب: جمال الدين عبد العظيم

* تصميم الغلاف: يمنى الباسل

مراجعة لغوية: قسم التحرير بمنتدى الأدب الحر

* إخراج داخلي: قسم الإخراج بمنتدى الأدب الحر

* رقم الإيداع: 2024\25614

* الترقيم الدولي: 978-977-8825-38-1

صدر بالتعاون بين
دار مشكاة للطبع والنشر والتوزيع
ودار منتدى الأدب الحر للنشر والتوزيع

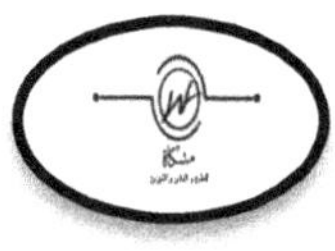

(ديوان شعر)

مقالة الريح

الشاعر

جمال الدين عبد العظيم

إهداء

إلى روح شقيقي الراحل..

فرج الدبيس

الشاعر والرسام المبدع

لن أنساك ما حييتُ

تحية عطرة لروحك النبيلة..

اللهم اغفر له وارحمه. آمين

أخوك / جمال

1-وأنا أعدو خلفك يا أمي

-1

مَّنْ غَازَلَ فِتْنَتَهَا غِزْلَانِي؟

مَنْ أَيَّدَنِي؟

أَوْصَبَّ وَسَأوسَهُ الْمُرّةَ فِي بَدَنِي؟

أَوْ هَدْهَدَنِي؟

وَنَبِيُّ اللّيْلِ يُعَاتِبُنِي..

حَتّى أَبْكَانِي؟

-2

وَأَنَاْ أَعْدُو خَلْفَكِ يَا أُمِّي.

أَمَلٌ فِي عَيْنَيْكِ يُذَكِّرُنِي...

بِإِيَاْبِي دُوْنَ حَقَائِبَ مِنْ أَسْفَارٍ..

كَمْ لَعَنَتْ سَمْتِي..

لُغَتِي..

إِنْسَانِي.

جمال الدين عبد العظيم

-3

مَنْ شَأهَدَ يَا أُمّي رُوحِي..

وَدَمٌّ فِي اللَّيْلِ يُطَارِدُهَا؟

وَجُرُوحِي تَهْذِي..

كَالسَّيْفِ الْمَهْزُوْمِ بِخَاصِرَتِي؟

وَجَوَأدِي أَسْيَاْنٌ..

مَاَ أَضَيعَ دَمْعاً لِلْخَيْلِ الْأَسْيَانِ!

-4

مَنْ صَلَّى مِنْ أَجْلِي..

وَزَوَالُ النُّورِ يَحزّ بِأَوْرِدَتِي؟

وَرِعَاعٌ تَهْدِمُ صَوْمَعَتِي؟

وَتُرَوِّعُ فِتْنَةَ غِزْلَانِي؟

جَمْعٌ لَبَغَايَا تَمْدَحُ سَيَّافِي..

زَغْرَدَنَ لِغَرْغَرَتِي..

عِنْدَ الْمَوْتِ ضُحَى

وَيَبِعْنَ السِّدْرَةَ فِي أَوْطَانِي!

-5

وَأَنَا أَعْدُو كَمْ كُنْتُ وَحِيْدًا يَا أُمّي

مُنْبَتّاً لَيْسَ لَهُ مَأْوَى..

وَغَرِيباً ضِلِّيلاً قَطَعَتْهُ الْأَرْحَامُ..

أَوْ مَعْصِيَةً نَبَذَتْهَا أَحَلَامُ التَّقْوَى..

. . . .

خَذَلَتْنِي كُلُّ مَجَازَاتِ النِّيْرَانِ

6-

وَأَنَا أَعْدُو خَلْفَكِ يَا أُمِّي!!

طَهَّرْتُ الْفَاسِدَ مِنْ قَلْبِي

وَرَجَمْتُ الزَّيْفَ..

بِعَيْنِ أَحِبَّتِكِ الْأَفَّاقِينْ

فَبِدِيْنِي سِيَّانِ :

زيفٌ وَسُجُوْدٌ لِلْأَوْثَانِ

-7

أَسَأَلْتِ بِلَاْدَكِ عَنْ حَاْلِي..

وَبَنَاتِي فِي تَرْحَاْلِي؟

طُوْبَى لِمَرَاْيَاْ أَجْنِحَتِي..

مَنْ خَاْدَعَهَا ، خَلَّأْهَا..

أُخْتَ رِيَاْحٍ خَاْئِنَةٍ..

وَدَلِيْلٍ يَنْسَأَنِي؟

-8

قَدْ كَانَ جَوَادِي مَكْسُوْرَ الْكَاحِلْ..

وَبِأَعْيُنِهِ نَصْلٌ..

وَحِرَابٌ أَدْمَتْهَا..

فَرَمَانِي!

وَأَنَا أَعْدُوْ خَلْفَكِ يَاْ أُمِّي.

جمال الدين عبد العظم

2-عشبة ظامئة

أَيُّهَا النَّيْلُ..

قِفْ!

خُذْ دَمِي

دِيمَةً مِنْ تَعَبْ..

تَحْسِبُ الْجِنَّ بِي.

خُذْ يَدِي

شُرْفَةً مِنْ رَمَادٍ...

رَمَتْ حَظَّهَا...

عِنْدَ إِفْكِ اللَّهَبْ.

مُنْذُ أَلْفٍ وَأَلْفٍ..

هُنَاْ وَقْفَتِيْ – عُشْبَةً ظَامِئَةٌ..

بِانْتِظَارِ السُّحُبْ..

لَمْ تُعِزْهَاْ زَكَاْةَ الْبَصَرْ..

أَوْ فُتَاْتَ الْمَصَبُّ

(المساء 2009/5/30)

جمال الدين عبد العظيم

3-الوصية الأخيرة للوركا

زَأَرَنَا بَغْتَةً

ثُمَّ صَاحْ:

صَـدْرُكُمْ جَراحْ

مَاؤُكُمْ قُرَاحْ

فلّت النّصَالْ

جَرّبُوا الرّمَاحْ

قَـالَـهاَ...

وَاعتَلَتْ عَينَـهُ كُدْرَةٌ...

ثُـمَّ رَأْحْ(*)

جمال الدين عبد العظيم

4- أيها النهر استفق

آهِ لَوْ أَنْصَفَ النَّهْرُ...

مَا بَاعَنِي..

عِنْدَمَا خَأنَهُ مَوْجُهُ..

والشِّرَاعْ.

يَشْهَدُ الطَّمْيُ: مَأ خُنْتُهُ..

أَوْتَخَلَّيْتُ عَنْ ضِفَّتَيْهِ

كُنْتُ في مَوْكِبٍ...

لَاْ يَرَاْنِي أحدٌ

تُهْتُ بَيْنَ الرِّعَاعْ.

أَرْتَجِي...

عَذْبَهُ...

يَبْتَعِدْ

أَحْتَوِي...

خَصْرَهُ..

يَرْتَعِدْ

جمال الدين عبد العظيم

صِحْتُ: يَا نَهْرُ...

هَيَّا اسْتَفِقْ!

فَالسَّحَابُ اخْتَبَا...

وَالْمَرَآيَا خِدَاعْ.

سَبّني!

فَارْتَجَفْتُ... انْتَشَي

صِحْتُ: هَيَّا اسْتَفِقْ!

لَمْ أَرِثْ..

غَيْرَ رِيحٍ عَوَتْ...

فِي فَيَافِي الضَّيَاعْ.

هَزَّنِي!

فَانْكَفَأْتُ. اخْتَفَي

صِحْتُ فِيهِ: اسْتَفِقْ!

قَـدْ أَتَاْكَ الْغَـرَقْ..

قَـدْ أَتَاْكَ الْغَـرَقْ..

قَـدْ أَتَاْكَ الْغَـرَقْ.

(مجلة إبداع أغسطس 1993)

جمال الدين عبد العظيم

5- لَيْتَكَ مَا خَيَّرْتَنِي!!

سَأَلْتُهُ:

إِلَى مَتَى هَذَا الْوَهَنْ؟

لَمْ يَبْقَ لِي شَيْءٌ تَبِيعُهُ..

سِوَى سُجَّادَتِي وَمُصْحَفِي..

ذَاكِرَتِي..

فِي عَيْنِ أَطْفَالِ الْمُدُنْ.

أَوْرَاقِي الَّتِي حَوَتْ..

أَسْمَاءً لِلْمَوْتَى مِنْ أَهْلِي

أَوْرَاقِي رُوحٌ تَئِنّ.

وَصُورَةً...
لِفَارِسٍ مُهَدَّمٍ..

أَتْعَبَهُ ارْتِحَالُهُ فِي كُلّ أَرْضٍ..

بَاحِثاً عَنْ سَيْفِهِ..

شَيَّبَهُ بُكَاؤُهُ عَلَي الدَّمَنْ.

خَيَّرْتَنِي بَيْنَ الْمَوْتِ لَاهِثًا..

كَنَوْرَسٍ...

خَلْفَ قِمَامَةِ السُّفُنْ.

أَوْ مَنْفِيّاً..

فِي غَيَاهِبِ الزَّمَنْ!

خَيَّرْتَنِي....

لَيْتَكَ مَا خَيَّرْتَنِي!!!

(المساء 2006/12/16)

جمال الدين عبد العظيم

6- فِي شَأْنِ السَّفِينَة

عجبتُ لَهَا مِنْ سَفِينَة!

أَيَمْضغُهَا الْمَوْجُ..

يَدْفَعُهَا التِّيهُ أَنَّى يَشَاءُ؟

وَبِالْأَمْسِ كَانَتْ بِحِنْطَتِهَا مُطْمَئِنَّة

يُبَارِكُهَا الرَّبُّ..

صَارَتْ تَعُقُّ بَنِيهَا...

تَبَرُّ بِكُلِّ بَغَايَا الْبِحَازِ!

وَكُلُّ مَسَارَأتِهَا لِلْوَرَاءِ

(2

دَوَّارُ السَّفِيْنَةِ أَجْهَدَ كُلَّ بَنِيْهَا..

لَهَا الْقَلْبُ يَدْمَى!

وَمَنْ يُمْسِكُوْنَ خَرَائِطَهَا يَضْحَكُوْنْ!

جمال الدين عبد
العظيم

(3)

عَجِبْنَا!

وَهَلْ يَجْبُرُ الْعُجْبُ كَسْراً؟

بَكَيْنَا!

فَمَا رَتَقَ الدَّمْعُ خَرْقاً بِقَاعِ السَّفِيْنَة.

نَصَحْنَا لَهَا..

عَلَّهَا تَسْتَرِدُّ نَضَارَةَ غَيْمَتَهَا

لَيْلَةً..
تُطَارِدُ حِيْتَانَ مَاءٍ

وَأَرْسَلَ أَلْفُ حَكِيْمٍ إِلَيْهَا بِرُقْيَا النَّجَأَةِ..

وَلَكِنَّهَا رَجَمَتْ مُرْسَلِيْهَا..

وَفِي كُلِّ يَوْمٍ تُبَدِّلُ دَاءً بِدَاءٍ.

(4

عَجِبْتُ لَهَا مِنْ سَفِيْنَة!

فَكَمْ رَجَمَتْ مُرْسَلِيْنَ!

وَرُبَّأْنُهَا الْكَهْلُ ضَيَّعَ..

بَوْصَلَةَ الضَّوْءِ عِنْدَ الْمَسَاءْ.

جمال الدين عبد العظيم

7- بَعْضُ طَيْشِكَ

أَنَا بَعْضُ طَيْشِكَ...

كَيْفَ تَبَرَّأْتَ مِنّي؟

تَرَكْتَ عَقِيقَ السَّمَاءِ بِقَلْبِي

نَهْباً...

لِأَوْهَامِ إِنْسٍ وَجِنٍّ

شَتَمْتَ نَخِيلَ الْمَحَبَّةِ..

فِي بَأَحَةِ الرُّوحِ..

ثُمَّ تَنَاءَيْتَ عَنِّي

أَنَا بَعْضُ طَيْشِكَ...

نَزْوَةُ لَيْلٍ..

هَوَتْ مِنْ فِرَاشِكَ..

كَيْفَ تَبَرَّأْتَ مِنِّي؟

جمال الدين عبد العظيم

8- ما خطبك يا لوركا؟

لُورْكا!

يَا أَحْجِيةً فِي أَسْفَارِي

مَأذَا تَشْرِي مِنْ غِرْنَأَطة؟

تَبْتَاعُ لِزَوْجِكَ تَنُّورَهْ؟

فِي عَيْنِكَ أَطْيَأُرُ النَّأْرِ

هَيَّا اخْتَبِيءِ الْآنْ...

حُرَّأسُ اللَّيْلِ عَلَى الْبَأْبِ..

إِيهِ!

مَا خَطْبُكَ يَا لُوْرَكَا؟

هَلْ تَبْكِي؟

يَا عَأَرَ الْعَأْرِ!

(المساء 2006/8/5م)

جمال الدين عبد العظيم

٩- أُنْشُودَةُ النَّبْع

١) نَبْعِي!
يَا أَجْمَلَ أَطْيَافِ الْوَلَعِ!

أَشْرِبْنِي مِنْ أَثْدَاءِ سَحَابِكَ..

لَا مِنْ خِسَّةَ حُرَّاسٍ..

كَرّوا..

حِيْنَ اشْتَمُّوا رِيْحاً..

لِشِوَاءِ الْحِمْلَانْ!

فَرُّوا..
فِي أَوْقَاتِ الْفَزَعِ.

(2

مَاْ ضَرَّكَ يَاْ نَبِعِي..

لَوْ كُنْتَ مَعِي يَوْماً؟

قَدْ عِشْتَ الْعُمْر مَعَ الدَّهْمَاْء

يَهْدِيْكَ ضَلَاْلُ مَدَّى

أَرْدَى خَيْلَكَ،

أَدْمَى وَجْهَكَ!

حَتَّى ذِكْرَي أَيَّاْمِكَ..

ذَوَّبَهَا فِي بَيْدَاْءِ الطَّمَعِ.

جمال الدين عبد العظيم

(3

نَبْعِي!

أَنْتَ الْمَأْوَى

فَالْآنَ تَكَسَّرَ بِنْدَوْلُ الْعُمْرِ!

جَفَلَتْ غِزْلَانِي..

مِنْ فَوْقِ الْجِسْرِ

هَرْوَلْنَ!..

شَكَوْنَ صَبَابَتَهُنَّ..

لِمَلَّاحِي النَّهْرِ

مَنْ يُنْبِئُنِي بِالسِّرِّ؟

وَيَرْحَمُنَي..

مِنْ صَفْصَافِ الْوَجَعِ.

(المساء 2008/10/11)

جمال الدين عبد العظيم

10- هُنَا الْحُلْمُ بَدَّدَنِي!

مَشَيْتُ إِلَى النَّهْرِ فِي اللَّيْلِ...

أَسْتَلُّ جُرْحِيَ...

فَاسْتَوْقَفَتْنِي الرِّعَاْعُ وقالت :

لَكَ الْجُرْحُ...

وَالنَّهْرُ فِي صَحْوِهِ ، سُكْرِهِ، نَوْمِهِ -

لَأْ يُرِيْدُكَ..

هَيَّا اسْتَفِقْ ثُمَّ عُدْ!

فَمَاْلَكَ وَجْهٌ بِهَذَا الْبَلَدْ.

هَتَفْتُ: أَنَا عِشْتُ وَالْخَيْلَ..

خَاتِمَةَ الْمَهْزَلَة.

لَعَنْتُ سُيُوْفاً..

هَوَتْ فِي الرِّمَالْ

شَهِدْتُ الْمَشَاهِدَ وَالزَّلْزَلَة.

هُنَا الْحُلْمُ بَدَّدَنِي..

لَيْلَةً بَعْدَ لَيْلَة..

فَلَسْتُ الْغَرِيْبَ..

الَّذِي تَفْضَحُوْنَ..

حَيَاءَهُ بِالْأَسْئِلَة.

جمال الدين عبد العظيم

11- فتنة النهر

أَضْحَكَنِي النَّهْرُ بِفَارِسِهِ.

فَعَشِقْتُ حِكَايَاتِهْ..

وَيَقِينَ وَسَأوِسِهِ.

وَأَنِسْتُ اللَّيْلَ بِحَضْرَتِهِ..

وَبُكَاءَ فَرَائِسِهِ.

مَسَّتْنِي ذَأتَ مَسَاءٍ "جِنِّيَّه"

فَبَكَّيْتُ!....

جَرَتْ خَلْفِي أُمِّي!

شَرَعَتْ فِي رُقْيَتِهَا،

قَالَتْ:

لَا تَذْهَبْ عِنْدَ النَّهْرِ..

لِتَمْلَأَ عَيْنَكَ مِنْ نُوْرِهْ..

أَوْ فِتْنِةِ وَجْهِ عَرَائِسِهِ.

(المساء 2008/6/21)

12- حَيْثُ الْمَدَى شَغَلَك

فَوْقَ التُّرَابِ وَالدِّمَا..

حَيْثُ الْمَدَى شَغَلَك.

لَمْلِمْ هُنَا أَجَلَك.

رُوْحُكَ عِنْدَ السُّرَّهْ

هَيَّا اغْتَسِلْ..

وَامْدَحْ نَصْلَ السَّيْفِ..

لَأَوْجَلَك.

ضَرْبَةُ رُمْحٍ أَظْهَرَتْ..

عَوْرَتَكَ الْآنَ احْتَضِنْ خَجَلَكَ.

آخِرُ وَصَايَاكَ الْآنَ هَاتِهَا..

رُبَّ جَوَادٍ آتٍ لِيَنْتَعِلَكَ.

عَنْ الرِّفَأْقِ لَأْ تَسَلْ...

مَنْ وَأَسَأْكَ غَيْرُمَنْ خَذَلَكَ؟

أَوْ مَنْ بَكَى غَيْرُ الَّذِي قَتَلَكَ.؟

(النبأ 2007/7/22)

جمال الدين عبد العظيم

13- تَمَهَّلْ

وَمَا زِلْتَ تَمْدَحُ نَصْلاً..

يُزَغْرِدُ في طَمْي جِسْمِكَ..

تَنْشُد أَتْبَاعَكَ الرَّأحِلَيْنَ..

وَخَلْفَكَ خَيْلُ الْخِيَانَةِ حَثَّتْ خُطَاهَا

تَمَهَّلْ!...

مَتَي كَانَ دَهْرُكَ شَهْماً نَبِيلاً؟

أَتَذْكُرُ شَاهِدَ قَبْرِ أَبِيكَ..

وَسِحْرَ الْأَسَاطِيرِ في حِضْنِ أُمِّكَ؟

مُنْذُ ارْتِحَالِهَمَا لِلْبِلَاْدِ الْبَعِيْدَةِ..

لَمْ يَفِيَا بِالْعُهُوْدْ!

فَكَمْ وَعَدَاني بِأَلَّا يَكُوْنَ الْغِيَابُ طَوِيْلاً!

...

تَنَأْهَي زَمَأْنُكَ..

ذَاْكَ الْعَصِيُّ الْعَنِيدْ.

كَمَاْ يَخْدَعُ الْمَاْءُ بَيْنَ الْيَدَيْنِ..

تَنَاهَى!

فَأَعْطِ بَنَاْتِكَ نُصْحَ الْحَيَاْةِ..

وَحَاْفِظَةً لِلنُّقُوْدْ.

14- مَقَالَةُ الرِّيْح

أَيَّتُها الرِّيْحُ الَّتِي زِلْزَأْلُها قَدَرِي

بِاللهِ! لَا تُبْقِي وَلَا تَذَرِي

فَكَمْ سَأَلْتُ التِّيْهَ :

مَنْ فِي اللَّيْلِ بَدَّدَنَا؟

حُرَّاسُ كَرْمَتِنَا؟

أَمْ غَيْبَةُ الْحَجَرِ؟

مَتَى الْمَدَى يَرْتَأْحُ مِنْ تَعَبِي؟

" أَمْ غَيْرُ مَعْلُوْمٍ مَدَى سَفَرِي"؟

أَلَيَوْمَ جَاءَتْنِي..

بِشَارَةُ الْحَيَأَةِ مِنْ..

دِمَا صِبْيَانِكِ الْعَطِرِ.

بِاللهِ! لَا تُخَيِّي فِيْكِ الْمُنَي

لا تَدْفَعِيْنِي لِلْمَدَى الْمَوْبُوْءِ بِالضَّجَرِ!

لا تَحْرِمِيْنِي وَأكِفَ الدِّيَمِ!

مَنْ أَوْلَى بِالْمَاءِ..

مِنْ غِزْلَأنِي وَمِنْ شَجَرِي؟

لَأْ تُسْلِمِي الصَّبْيَةَ لِلرَّدَى...

انْهَضِي بِعَيْنِكِ الشَّرَرِا!

صُبِّي سَعِيْرَكِ الْمُقَدَّسِ..

انْصُبِي الْمِيْزَانِ..

إِنِّي انْتَظَرْتُ عُمْرَ نُوْحٍ..

عَدْلَكِ الْعُمَري.

لا تُبْقِي وَلَا تَذَرِي.

لا تَذَرِي..

مَنْ كَفَرُوا بِالضَّوْءِ..

فِي أَيْقُوْنَةِ الْخَطَرِ!

لا تَذَرِي قَوَّاداً..

فِي الْأَسْحَارِ يَدَّعِي التُّقَى!

لا تَذَرِي أَفَّاقاً..

غَيَّرَ وَجْهَ الْحَقِّ..

فِي قَأْنُوْنِهِ التَّتَرِي

لَأْ تَذَرِي الْكِلَأْبَ..

تَعْوِي رُعْباً..

إِذَا رَأَتْ سَيِّدَهَا..

يَقْبَعُ فَي ظُلْمَةِ الْحُفَرِ!

أَيَّتُهَا الرِّيْحُ...

مَتَى تَضْحَكُ لِي أُسْوَأَرَةُ الْمَطَرِ؟

أَمْ..

غَيْرُ..

مَعْلُوْمٍ...

مَدَى..

سَفَرِي؟

(المساء 2011/8/6)

جمال الدين عبد العظيم

15-أَنَا وَلُوْرْكَا.. صَوْتٌ وَصَدَى

لا آذَتْكَ الْأَيَّامُ

وَلَا عَقَّتْكَ الْأَبْنَاءُ

خُذْ أَشْلَائِي الظَّمْأَى...

أَمْطِرْهَا بِالْحِكْمَة!

زِدْنِي مِنْ غِبْطَةِ غُرْبَتِكَ الْمُرَّة!

لَا صَدَّتْكَ الْأَنْهَارُ

وَلَا ظَمِئَتْ لَكَ أَشْلَاءُ.

صدى:

شَرُّ النَّاسِ الْعَسَسُ

مِنْهُمْ فَلْتَحْتَرِسُوا

إِنْ نَأْمُوا

قَأْمُوا ، أَوْ جَلَسُوا

ذهبوا ، جاءوا.

صوت:

عِظْنِي..

مَأ الْحِيْلَةُ فِي زَمَنِ الْفِتْنِة

لَوْ سَأدَ الْغَوْغَأءُ؟

صدى:

قَبِّلْ خَدَّ السَّيْفِ

دَاعِبْ ظِلَّ الْخَوْفِ

اِدْفَعْ بِطَعَامِ صِغَارِكَ لِلْبَصَّاصِينْ

حَتَّى لَاْ تَدْهَمَكَ الْعَرَبَاْتُ السَّوْدَاْءُ.

جمال الدين عبد العظيم

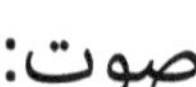

صوت:

لُوْرْكَا!

عَلَّمْنِي شَيْئاً مِنْ فِقْهِ الثَّوْرَة

أَوْ مَعْنَى أَنْ تَفْنَى ظَمَأً..

وَبِقَلْبِكَ يَنْسَابُ الْمَاءُ.

صدي:

فقه الثورة؟

لَوْ كُنْتَ نَبِيًّا

تَبْلَى جُوْعًا..

لَكِنْ لَا يَبْدُو لِغَرِيْمِكَ إعْيَاءُ.

لَوْ كُنْتَ دَعِيًّا

تَفْنَى أَعْمَارُ مُرِيْدَيْكَ الْغَضَّة

وَلْتَجْمَعْ حَطَبًا لِسَعِيْرٍ لَا يَخْبُو..

وَتُسَطِّرُ لِلْقُرَّاءِ مَقَالًا ثَوْرِيًّا..

تَحْلُوْ فِي عَيْنِ الشَّعْبِ الْأَشْيَاءُ.

جمال الدين عبد العظيم

صوت:

لُوْرْكَا

حَدِّثْنِي عَنْ نُبْلِ الْفُرْسَانِ..

وَفَاءِ الْخِلَّانِ..

خِيَانَاتِ الصَّحْبِ..

إِذَاْ حُمَّتْ هَيْجَاءُ.

صدى: أُسْكُتْ! ثَكَلَتْكَ الضَّوْضَاءُ!

وَيْلٌ لِرُفَآتِ الْفُرْسَانِ الْمَوْتَى

لَوْ أَنَّ الْجُبَنَاءَ..

هُمُ..

النَّاجُوْنَ الْأَحْيَاءُ.

*لوركا1

---

1 لوركا هو الشاعر الإسباني المعروف الملقب بالفتى المدلل في حياته، وبالشهيد المدلل بعد مصرعه في ثلاثينيات القرن العشرين.

16- فَارِسٌ كَهْلٌ..

رُوَيْدَكِ..

يَا خُيُوْلَ الْوَقْتِ..

لَسْتُ أَنَا الَّذِي خَانَ اتِّزَأْنَ السَّيْفْ.

رُوَيْدَكِ!

فَأرِسٌ كَهْلٌ..

أَتَاهُ الشَّيْبُ فَوْقَ السَّرْجِ..

بَعْثَرَهُ اخْتِضَأنُ الْخَوْفْ.

خُيُوْلَ الْوَقْتِ!

مَا لِلْبِيْدِ أَشْهَدُهَا..

مَدَارَأَتٍ مِنَ الْأَوْجَاعِ..

قَدْ سَقَطَتْ بُنُوْدِي فِيهْ؟

وَمِا لِلنَّخْلِ يَمْنَعُنِي خَرَاْجَ الظِّلِّ؟

ذَكَّرَنِي بِعَارِ التِّيهْ.

فَلَاْ عَاْدَتْ مُهُوْدُ السَّرْجِ -حِضْنَ الْأُمِّ..

جمال الدين عبد
العظيم

مَا صَدَقَتْ مَعِي الْأَتْبَاعْ.

تَلْمِزُنِي شِفَاهُ الصَّبْيَةِ الْفُرْسَانِ...

تَذْبَحُنِي عُيُونُ سَفِيهْ.

أَتَاهُ الشَّيْبُ فَوْقَ السَّرْجِ...

لَا تَلِجِي تُخُومَ الْجُرْحِ!

لَا تَعِدِي بِغَيْرِ الصَّمْتِ!

خَلَّى الْآنَ إِفْكَ الْبَوْحِ!

لَاْ تَقِفِي..

بِهَذِا الْفَارِسِ الْمُتَهَدِّمِ...

الْمُغْتَمِّ عِنْدَ الرِّيْح.

خُذِي سَرْجاً

بَرَي الْأَطْرَافَ...

رُدِّي لِي سَوْأَدَ الرَّأْسْ.

(جريدة (اليوم السعودية) 8/11/1993)

17- مَا أَضْيَعَنِي فِي حِضْنِ الرِّيح!

مَا أَضْيَعَنِي فِي حِضْنِ الرِّيح!

هِيَ لَا تَفْهَمُنِي إِلَّا كَهْلاً

أَخْتَالُ بِمِنْسَأَتِي..

أَوْ أَشْكُو خَيْلاً تَهْدِمُنِي

مَا أَثْقَلَ عَارَكِ يَا رِيحاً..

لَا تَخْجَلُ مِنْ أَنْ تَكْنِسَ أَحْلَامِي.

...

يَا آتِيَةً عِنْدِي..

حُطِّي عَنِّي..

طَيْشَ الْمَاْضِي..

نَمَشَ الذِّكْرَي

مَا أَخْوَنَكِ اللَّيْلَة!

آه!

مَا أَجْمَلَكِ الْآنْ!

(الجماهير 2010/5/5)

جمال الدين عبد العظم

18- أَيُّ عَرَّابٍ يَقُودُني؟

أَلَسْتَ أَنْتَ التَّائِهَ الَّذِي...

طَوَاهُ بَرْدُ لَيْلَاتِ الشِّتَا الْكَابِية.

بَرْدٌ يَشْرَبُ الدَّمَاءَ...

يَنْهَشُ فِي أَطْرَافٍ وَاهِيَة.

أَيَّامُهُ لَا تَنْتَهِي!

فَكُلَّمَا مَرَّتْ لَيْلَةً عَذَاباً..

نَادِتْ أُخْتَهَا!

فَأَيُّ بَابٍ أَصْطِلِي خَلْفَهُ..

فِي غُرْبَةٍ جَافِيَة؟

وَأَيُّ عَرَّابٍ..

يَقُـوْدُنِي..

لِدِفءِ خَيْمَتِي النَّائِية؟

(المساء 2009/1/31)

19- مُنَاْجَاْةٌ

رَبِّي!

أَتْمِمْ عقْدَ الْبَهْجَة..

هَذَا بَدَني..

أَطْفِئْ وَهَجَهْ!

لكن، مَنْ سَوْفَ يُوْاسِي..

تِلْكَ الزَّهْرَاْتِ ،

إِذَا أَغْمَضْتُ الْعَيْنَ؟

وَمَنْ سَيُهَدْهِدُهُنَّ ،

إِذَا أَسْلَمْتُ الرُّوْحَ،

إذا أدمعن؟ ائْذَنْ لِي يَأ رَبِّي..

ثُمَّ اسْلُبْنِي الْمُهْجَة.

(المساء   2009/8/9)

20- من ذا يبلغ للقباب تحيتي؟

1-يَاقُدْسُ هَاجَ الدَّمْعُ مِلْءَ مَحَاجِري

يَحْدُوْهُ وَجْدٌ يَسْتَبِدُّ بِخَاطِـري

2-مَنَاكِ أَزْرَى بِالْجِبَـاهِ جِبَاهِنـا

وَأَذَلَّ إِنْسَانِي وَشَـأْنَ مَصَائِـري

3- مَنْ لِي بِمَسْجِدِكِ الْقَصِىّ وَنُوْرِهِ؟

سَأَبِيْعُهُ عُمْراً بِضَمَّةِ عَـابِرِ

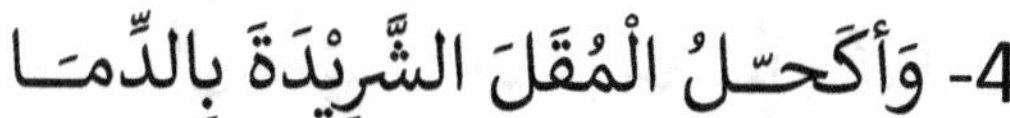

4- وَأَكَحّـلُ الْمُقَلَ الشَّرِيْدَةَ بِالدِّمَـا

لَمّا تُصَافِحُ وَجْنَتِيهِ نَوَاظِرِي

5- وَأُطَهّـرُ النَّفْسَ الْحَزِينَةَ بِالسَّنَـا

جَذْلَانَ فِي مِحْرَابِ طُهْرٍ عَاطِرِ

6- مَا زِلْتَ يَا مَسْرَى النَّبِيِّ مَحْمّـدٍ

أَشْجَى الطُّيُورِ بِدَوْحِ قَلْبِي النَّاضِرِ

7- مَنْ ذَا يُبَلّـغُ لِلْقِبَابِ تَحِيّتِـي

أَوْ مَنْ أُحَمّلُهُ أَسَى الْمُسْتَعْبِرِ؟

جمال الدين عبد العظم

8- مَأ زَألَ طَيْفُكِ فِي الْخَيَألِ مُعَذِّبِي

لَمَّا سَبَتكِ نُيُوْبُ وَغْدٍ كاسِرِ

9- مَنْ ذَا يُفكُّ إِسَارَ قَيْدِكِ عِنْدَهُ؟

فَيَزُوْلَ عَهْدٌ لِلظَّلَأْمِ الْآسِرِ

10- مَنْ ذَا يَرُدُّ رِدَأَء مَجْدِكِ عِزَّةً؟

يَا عَأَرَ مَنْ ضَحِكُوا لِجُرْمِ الْفَأْجِرِ

11- يَا قُدْسُ إِنَّكِ قَـدْ رُزِئْتِ بَلِيَّةً

لَأَشَدُّ مِنْ طَيْشِ الْجَبَأْنِ الْغَـادِرِ

12- كُثْرُ بَنُوْكِ إِذَاً عَدَدْنَـا جَمْعَهُـمْ

أَيْـنَ الرِّجَالُ إِذَا رُمِيْتِ بِكَافِـرِ؟

13- يَاْ قُدْسُ مَاْ زَاْلَتْ عُهُوْدُكِ فِي دَمِى

أَخْشَى عَلَيْهَا مِنْ   ظَلَامِ دَيَاجِرِ

14- أَطْوِي عَلَيْهَا فِي الرِّيَاْحِ ضَمَائِـراً

وَاْخَجْلَتَاهُ إِذَا تَكَلَّ ضَمَائِـرِي

(مجلة الرابطة الإسلامية- نوفمبر 1991م)

21- غَزَّةُ أُنْشُوطَة الذَّهَب

1- لا شَيءَ أَصْدَقُ أنباءً مِـنَ اللَّهَبِ

يَـا أُمَّةً قَنَعَتْ بالشَّجْبِ وَالْخُطَبِ

2- لا تَحْسَبوا أَدَباً يُرْجِى كَرَامَتَكم

هَيَّا ارْكُضُوا هَرَباً مِنْ ظُلْمَةِ الْكَذِبِ

3- أَتَنْشُدُوْنَ بُكَاً عَطَفَ قَاْتِلِكُمْ؟

خَـارَتْ عَزَائِمُكُمْ فِي السَّعْيِ والطَّلَبِ

4- حُطُّوا عِقَالَكُمُو فِي رَمْلِ نِفْطِكُمُو

دِرْعاً لداوودَ فِي أُسْطُوْرَةِ الْكُتْبِ

5-لَا بُرْءَ مِنْ عِلَلٍ فِي مَاءِ قَاتِلِكُمْ

كَمَنْ بَكَى عَرَضاً وَالْعَيْبُ فِي الْعَصَبِ

6- أَمْجَادُكُمْ؟ ذَهَبَتْ فِي نَوْمِكُمْ. عَبَثَتْ

حُمَّى غَرَائِزِكُمْ بِالْعِرْقِ وَالنَّسَبِ

7-لَمْ تَنْبَعِثْ أُمَمٌ مِنْ هَدْأَةٍ أَبَداً

فَلْتُبْعَثُوا حِمَماً مِنْ وَمْضَةِ الْغَضَبِ

8- فَرَاشَةٌ! زَمَناً بِالْقُدْسِ تَائِهَةٌ

مَتَى الْهُدَى لِفُؤَادِهَا الْأَخْضَرِ التَّعِبِ؟

9- بَغْدَأْدُ؟ رِيْمٌ ذَوَتْ فِي رَبْعِهَا أَلَمَاً

وَالزَّيْفُ بَشَّرَهَا بِالتِّينِ وَالْعِنَبِ

10-غَزَّالَةٌ، بِسَوَى الدَّمْعِ مَاْ نَعِمَتْ

بُعَيْدَ مَا تُرِكَتْ كَالْهَيْكَلِ الْخَرِبِ

11- أَسِيْرَةٌ فِي رُبَا الْجُوْلَاْنَ آسِفَةٌ

تَسْبِيْحُهَاْ وَجَعٌ فِي ذِمَّةِ الشُّهُبِ

12-هَيَّا اصْرُخُوا بَجَعاً عِنْدَ احْتِضَاْرِكُمُو

أَوْ فَانْصُرُوا عَلَماً قَدْ ثَاْرَ لِلْعَرَبِ

13-هَيَّا امْنَحُوا غَزَّةً سَيْفاً وَأَجْنِحَةً

تَرْقَى بِهَا أَمَلاً فِي الْبِيْدِ والسُّحُبِ

14- لَا لَمْ تَخَفْ أَبَداً تَنّيْنَ عَصرِكُمُو

تَاللهِ خَامَتُهُ مِنْ سَافِلِ الْخَشـبِ

15- حَتَّى تَكُوْنُوا جَبَأْلَ النَّارِ فِي زَمَنٍ

أَوْدَى بِسُؤْدَدِنَا أُكْذُوْبَةُ النُّخَـبِ

16- فَكَمْ سَئِمْنَا هَوَأْنَ الْعُرْبِ وَأْ أَسَفَاً

لَمْ يَسْأَمُوا صُوَرَاً لِلتَّابِـــعِ الذَّنَبِ

17- فَغَزَّةٌ لَمَعَتْ فِي الشَّمْسِ خُصْلَتُهَأْ

وَاللهِ مَأْ صَدَأَتْ أُنْشُوْطَـةُ الذَّهَبِ

(جريدة الصباح الجديد العراقية 2023/11/27م)

جمال الدين عبد العظم

22- بُرَاقُ مُحَمَّدٍ

1-تَهُـونُ الْأَرْضُ إِلَّاكِ

بِزَهْرِ الْعُمْرِ مَرْآكِ

2-أَقَضَّ مَضَاجِعِي جُرْحٌ

زَكَّاهُ دَمْعُ شَكْوَاكِ

3-حَلُمْتُ بِمُهْجَتِي تَسْعَى

تُقَبِّلُ قَلْبَكَ الْبَاكِي

4-أَعُدُّ الآنَ أَمْتِعَتِي

لِيَوْمٍ فِيهِ أَلْقَاكِ

5-فَأَيْنَ الدَّرْبُ يَا قُدْسِي؟

تِجَاهَ حُدُوْدِ مَنْفَاكِ؟

6-أَضَمَّ سَفِيْنَتِي غَيْمٌ؟

أَمِ الإظْلَامُ غَشَّاكِ؟

7-أَضَاعَ النُّورُ مِنْ أُفُقِي؟

وَرَاحَ يَـدُعُّ ذِكْرَاكِ؟

جمال الدين عبد العظيم

8-أَهَانَ الدَّمْعُ تُخْفِيهِ

بِلَيلِ الذُّلّ عَيْنَاكِ؟

9-إِذَا مَا حَثَّنِي بَطَلٌ

خَزَاني أَلْفُ أَفَّاكِ

10-تُرَى مَا حَالُ مِنْذَنةٍ

تُزَيّنُ خَدَّ أَقْصَاكِ؟

11-أَغَشَّاهَا دُخَانُ بَنَا

دِقٍ شَقّتْ حَنَايَاكِ؟

12-عُصَاةً خَاْتَلُوا مُوْسَي

بُغَاْةً كَمَّمُـوا فَـاْكِ

13-بُراقُ مُحَمّدٍ سَجّى

شَهِيْداً مِنْ صَبَـاْياكِ

14-أَفِيْقِي أُمَّةً وَسْنَـى

مَوَأتُ الـذُّلِّ غطّاكِ

23- موعدنا الحوض الفسيح

1-ذَكَرْتُ مُحَمَّدًا يَا نَفْسُ بُوْحِي

بِحُبٍّ فَيْضُهُ بُرْءُ الْجُرُوْحِ

2-يُهَدْهِدِ وَقْعَهُ أَحْـزَانُ قَلْبِي

يُطَيِّبُهُ بِأَنْدَاءِ السُّفُـوْح

3-بِسِيْرَتِـهِ تَعَطَّرَتِ الْفَيَأْفِي

فَيَا أَبْهَى جِنَأْنِ الْأَرْضِ فُوْحِي

4-رِسَأْلَتُهُ بَدَتْ لِلْأَرْضِ شَمْسًـا

تَجَلَّتْ لِلصَّفِيْـقِ وَلِلْمَلِيْـح

5-يَتِيمٌ أَبْهَجَ الدُّنْيَا بِبُشْرَى

مَحَتْ أَوْضَارَ عَالَمِهِ الْقَبِيحِ

6-فَصَرْحُ الْعَدْلِ أَضْحَى فِي الثُّرَيَّا

وَصَرْحُ الظُّلْمِ أَضْحَى طَيَّ رِيحِ

7-أَتُبْصِرُ هَدْيَ شِرْعَتِهِ عُيُوْنٌ

وَقَدْ طُمِرَتْ بِذَا الْجَفْنِ الْقَرِيحِ

8-أَيَرْقَى صَوْبَ قِمَّتِهِ غَرِيرٌ

جَهُوْلٌ سِيْقَ بِالْفِكْرِ الْكَسِيْحِ

9-عَجِبْتُ لِحُمْقِ مَنْ آذَاكَ حِقْدًا

فَشَأْنُكَ شَأْنُ مُوْسَى وَالْمَسِيْحِ

10-فَقَدْ خَلَطُوا بِعَمْدٍ أَوْ بِجَهْلِ

ضَلَالَ الزَّيْفَ بِالْحَقِّ الصَّرِيحِ

11-كَرُمْتَ أُرُومَةً بَيْنَ الْبَرَايَا

بِنَسْلِ قُرَيْشَ وَالْجَدِّ الذَّبِيحِ

12-عَظُمْتَ لَدَى الْإِلَهِ بِنُورِ وَحْيٍ

يُنَجِّي الْخَلْقَ بِالدَّرْبِ الصَّحِيحِ

13-فِدَاكَ أَبِي وَأُمِّي يَا رَسُولِي

وَنَفْسِي فِي الرَّشَادِ وَفِي الْجُنُوحِ

14-فِدَاكَ أَبِي وَأُمِّي يَا حَبِيبِي

فَمَوْعِدُنا لَدَى الْحَوْضِ الْفَسِيحِ

15-لِتُشْرِبَيْنِي مِنَ الْعَسَلِ الْمُصَفَّى

وَأُطْفِيءَ غُلَّةَ الصَّدْرِ الْجَرِيْحِ

16-يَقِيْنِي أَنَّكَ الْمَبْعُوْثُ هَدْيًا

وَأَغْنَى الْخَلْقِ عَنْ مَلَقِ الْمَدِيْحِ

17-وَأَنَّكَ سَوْفَ تَلْقَأْنِي شَفِيْعاً

مَتَى تَرَكَتْ تُرَأْبَ الْجِسْمِ رُوْحِي

تعريف بالشاعر والباحث:

* جمال الدين محمد عبد العظيم (شاعر وباحث) - مصر

* حاصل على ليسانس آداب عين شمس.

* دبلومة الفكر الإسلامي.

* حاصل على درجة الماجستير في النقد الأدبي، عنوانها:

(الرؤية الفنية في الرواية عند فؤاد قنديل)

أشرف عليها العلامة الراحل الدكتور/ طه وادي والدكتور/ خيري دومة

(كلية الآداب جامعة القاهرة).

* صدر له:

1- فضاءات روائية معاصرة – عن دار الأديب للطباعة والنشر.

2- في القصة القصيرة- رؤى ومحاور جديدة – عن دار كاف.

3- في السرد المعاصر – نحو تأسيس رؤية جديدة – عن دار الحرم بالأزهر

4- وراءها الصنوبر البعيد- (ديوان شعر) - دار تميُّز للنشر والتوزيع

* نشاطه الثقافي: -

يقدّم رؤى نقدية بإذاعة (القاهرة الكبرى) المصرية في برنامج "كلام موزون" أسبوعيا مع الإعلامي / محمود شنب، وفي (البرنامج الثقافي) مع

الإعلامي / معتز العجمي، وفي قناة النيل الثقافية والقناة الفضائية المصرية الأولى

*عضو ندوة (قضايا أدبية) لمؤسسها الروائي الكبير/ محمد جبريل

*عضو ندوة (الجيل الجديد) للكاتب والناقد المعروف / حزين عمر

* عضو ندوتي (أقلام) و(الصالون) للشاعر والروائي الكبير/ نشأت المصري

*له ديوان (نهر من سفرجل) – قيد الطبع

*نشر شعره ومقالاته النقدية في صحف ومجلات مصرية وعربية مثل:

أولاً- (صحف ومجلات مصرية) مثل: الأهرام، الجمهورية، المصري اليوم، الدستور، القاهرة، المساء، الجيل، الرأي للشعب، إبداع، أدب ونقد، الثقافة الجديدة، القصة، الإذاعة والتليفزيون.

ثانياً - (صحف ومجلات عربية) مثل: بيادر، الرابطة الإسلامية، المجلة العربية، الحرس الوطني "السعودية" - المجالس، فرح، عرب "الكويت" شئون أدبية، درّة "الإمارات" الآمال العربية "اليمن" - الصباح الجديد، الحقيقة ، ميسان "العراق" - دراسات سيمائية وأدبية ولسانية "المغرب" -الشرق الأوسط "لندن" - الرأي "الأردن" - البلاد، عكاظ، المدينة، اليوم "السعودية".

Gamalaldeen012@Gmail.com

قائمة المحتويات

جمال الدين عبد العظم

جمال الدين عبد العظم